The Forest Story of Chattering Trees

Have you ever seen trees chattering to each other? If you haven't, you are not interested in trees. Trees murmur and whisper. When they are happy, they also laugh loudly and clap. Even more, they sing songs and dance.

Is this hard to believe? Then you must think that trees are just wood. Try to think that each tree is a precious life, and face them as a friend. Who knows, you might be able to listen to their words. On the contrary, you can tell the trees about your concerns and troubles.

It took billions of years for the Earth to become green. Nowadays the forest consists of 30 percent of the land. It produces Earth's oxygen and creates a breathable environment. Moreover, the trees sacrifices their lives for the convenience of people. There provide timber, medicines, fuel, and so on.

However, the speed at which the trees provide for us is problem. We are cutting down trees for their use much faster than they grew. We should take heed that the Earth's forest is getting smaller and smaller. As the forest gets smaller, it produces less oxygen while CO_2 level increase at the same time.

CO_2 causes the atmospheric temperatures to rise and fans the flame for global warming. Global warming makes unusual weather changes that can lead to typhoons, floods, droughts and so on. Consequently, the destruction of forests means global danger.

Forests are the best non-pollutant natural resources in the world. The public value of forests is enormous and priceless. It is not only for one person. It must be shared by people all over the world.

To be blessed with natural resources of the forest, we have to change our ideas about the forest. We need to consider that each tree is a precious companion. If we do, we will see that our interest for trees will change and realize why we have to preserve the forest.

What goes around comes around. The forest will provide us with green space as much as we let it. The benefit returns to us with nothing touched.

Forest doesn't tell a lie.

In the Text

1. Searching for ancestors of plants
2. How do plants evolve?
3. Forest is at war
4. Home is where the root is
5. There is no bad tree in the world
6. I'm the best tree
7. Money and forestry
8. Who is stealing the forest?
9. Guard the forest!

나무들이 재잘거리는 숲 이야기

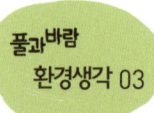

나무들이 재잘거리는 숲 이야기
The Forest Story of Chattering Trees

1판 1쇄 | 2014년 5월 28일
1판 34쇄 | 2024년 7월 30일

글 | 김남길
그림 | 끌레몽

펴낸이 | 박현진
펴낸곳 | (주)풀과바람
주소 | 경기도 파주시 회동길 329(서패동, 파주출판도시)
전화 | 031) 955-9655~6
팩스 | 031) 955-9657
출판등록 | 2000년 4월 24일 제20-328호
블로그 | blog.naver.com/grassandwind
이메일 | grassandwind@hanmail.net

편집 | 이영란
디자인 | 김세은
마케팅 | 이승민

ⓒ 글 김남길, 그림 끌레몽, 2014

이 책의 출판권은 (주)풀과바람에 있습니다.
저작권법에 의해 보호를 받는 저작물이므로 무단 전재와 복제를 금합니다.

값 11,000원
ISBN 978-89-8389-526-4 73480

※잘못 만들어진 책은 구입처에서 바꾸어 드립니다.

이 도서의 국립중앙도서관 출판예정도서목록(CIP)은 서지정보유통지원시스템 홈페이지(seoji.nl.go.kr)와
국가자료공동목록시스템(www.nl.go.kr/kolisnet)에서 이용하실 수 있습니다. (CIP제어번호 : CIP2014013944)

제품명 나무들이 재잘거리는 숲 이야기	제조자명 (주)풀과바람	제조국명 대한민국
전화번호 031)955-9655~6	주소 경기도 파주시 회동길 329
제조년월 2024년 7월 30일	사용 연령 8세 이상

KC마크는 이 제품이 공통안전기준에 적합하였음을 의미합니다.

⚠ 주의
어린이가 책 모서리에
다치지 않게 주의하세요.

나무들이 재잘거리는 숲 이야기

김남길 · 글 | 끌레몽 · 그림

풀과바람

머리글

여러분은 숲이나 길가에서 나무들이 재잘거리며 수다 떠는 것을 본 적이 있나요? 만약에 없다면 나무에 대한 관심이 부족한 거예요. 나무는 중얼거리기도 하고 속닥거리기도 해요. 기분이 좋을 때는 깔깔거리며 손뼉도 치지요. 심지어는 노래를 부르며 춤을 추기도 합니다.

말이 안 된다고요? 나무들을 단순한 목재로 생각한다면 그럴 거예요. 나무 한 그루 한 그루를 소중한 생명체로 받아들이고 친구처럼 대해 보세요. 나무들이 무슨 말을 하는지 알아듣게 될지도 몰라요. 반대로 여러분이 나무들에게 말 못할 고민거리를 털어놓을 수도 있을 거예요.

지구가 푸르러지기까지는 수십억 년이라는 역사의 시간이 필요했어요. 현재 지구의 숲은 육지 면적의 약 30% 정도예요. 이 30%의 숲이 지구 산소의 30%를 생산하며 쾌적한 환경을 만들어 주고 있습니다. 그뿐만 아니라 나무 자체는 사람들의 편리를 위해 아낌없이 한 몸을 던져 희생하지요. 목재, 약재, 땔감 등으로 말이죠.

우리는 그런 상황을 당연하게 받아들여요. 그러나 속도가 문제예요. 나무가 성장하는 속도보다 사람이 베어내는 속도가 너무 빨라요. 그만큼 지구의 숲이 작아지고 있어요. 숲이 작아지면 지구 산소량이 부족해지고 이산화탄소량의 증가를 불러일으키지요. 이산화탄소는 대기 기온을 상승시켜 지구 온난화를 부채질하고요. 지구 온난화는 다시 기상 이변을 불러들여 크나큰 태풍, 홍수, 가뭄 등을 일으키지요. 결과적으로 숲을 파괴하면 지구촌을 위험에 빠뜨리는 거예요.

그럼에도 세계 곳곳에서는 개발과 이익이라는 목적으로 숲을 통째로 베어내고 있습니다. 숲은 세상에서 가장 좋은 무공해 자연 자원입니다. 누구 것이 아니라 모두를 위해서 써야 하는 공공적 가치가 너무나 큽니다.

숲의 자원을 모두가 누리기 위해서는 나무를 바라보는 시각을 바꾸어야 해요. 나무 한 그루를 그냥 목재로 여길 것이 아니라 소중한 동반자로 생각하는 자세가 중요하지요. 그러면 나무에 대한 관심이 달라지며 왜 숲을 보존해야 하는지 알게 되지요.

숲은 거짓말하지 않습니다. 우리가 숲을 지켜 주는 만큼 숲은 우리의 주위 환경을 더욱 파릇한 공간으로 가꾸어 줄 거예요. 그 혜택은 고스란히 우리에게 돌아온답니다.

김남길

# 차례

1. 식물의 조상님을 찾아서 · 8
2. 식물은 어떻게 진화했을까? · 16
3. 숲은 전쟁 중이야 · 26
4. 나무는 뿌리 내린 곳이 고향이다 · 40
5. 세상에 나쁜 나무는 없어요 · 56

6. 내가 좋은 나무야 · 64

7. 숲을 돈과 바꾸기는 힘들어요 · 80

8. 누가 숲을 훔쳐 가고 있나요? · 88

9. 숲을 지켜라! · 100

숲 관련 상식 퀴즈 · 114

숲 관련 단어 풀이 · 116

1. 식물의 조상님을 찾아서

나무들이 모여 사는 수풀을 줄여서 '숲'이라고 합니다. 한자로 '산림'이나 '삼림'으로 표기하기도 해요. 지구 전체의 숲은 육지 면적의 30%밖에 되지 않아요. 나무가 자라지 않는 극지방, 사막, 초원이 더 너른 자리를 차지하고 있는 까닭입니다.

지구상의 큰 숲은 북반구와 남반구에 고루 분포되어 있어요. 북

북반구 타이가

반구에서 가장 큰 숲은 러시아에 있는 타이가 숲이에요. 그곳에는 추위에 강한 침엽수들이 빽빽이 들어차 있습니다.

남반구에서 가장 큰 숲은 아마존으로 더위에 강한 활엽수들이 원시림을 이루고 있지요. 우리나라의 경우는 어떨까요? 산이 많은 우리나라는 국토 면적의 약 65%가 숲이에요. 침엽수와 활엽수가 골고루 분포하지요. 우리나라처럼 혼합림 지역은 기후의 특성상 사계절이 있는 온대(몬순) 지방에 나타나는 현상이에요.

숲은 자연의 생산자로 동물을 길러내고 우리의 행복을 지켜 주는 보금자리입니다. 숲이 사라지면 생태계의 먹이 사슬이 끊어지고 우리의 목숨도 보장받지 못해요. 녹색 식물은 지구인을 먹여 살리는 기초 생산자니까요.

남반구 아마존

그렇다면 생명체들이 살 수 있도록 땅 위에 초록 외투를 입혀 준 은인은 누구일까요? 혹시 씨앗들이 하늘에서 뚝 떨어져 지구에 뿌리를 내린 것은 아닐까요? 그런데 이 세상에서 저절로 생겨나는 것은 없답니다. 어떤 문제나 결과에는 반드시 원인이나 이유가 있지요. 그것을 밝히려고 노력하는 것이 과학입니다.

조류는 식물성 플랑크톤

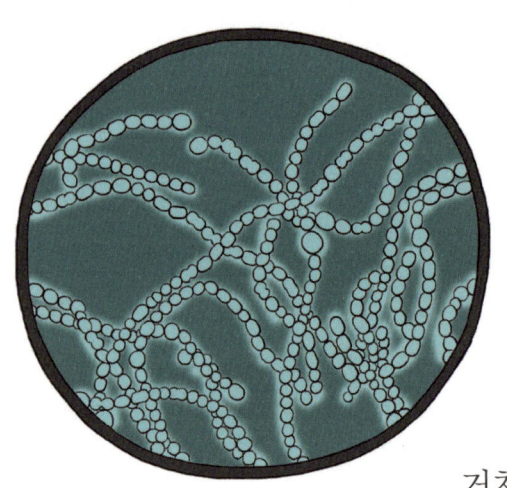

지구 최초의 생명체로 알려진 '시아노박테리아'는 남세균의 일종이에요. 핵에 막이 없는 가장 원시적인 미생물이라 '원핵생물'로 통하지요.

시아노박테리아는 진화를 거쳐 '조류'로 불리는 후손들을 물속에 퍼뜨렸어요. 그 생명체들은 크기가 0.05 밀리미터 이하밖에 되지 않는 작은 '미세조류'들이었지요. 일명 '식물성 플랑크톤'을 일컫습니다.

조류의 종류는 색깔에 따라 분류하는데 남조류, 갈조류, 홍조류, 녹조류 등이 있습니다. 이 중에 녹조류는 주로 민물에서 살고, 나머지 조류들은 바다에서 많이 살지요.

나, 아직 팔팔해. 35억 살이야!

식물의 선구자, 녹조류

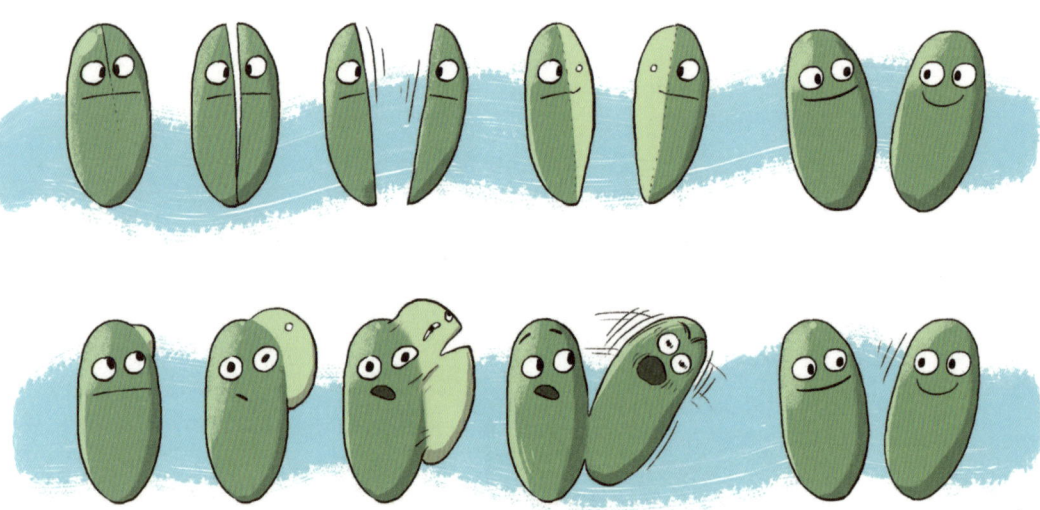

조류들을 현미경으로 살펴보면 동물처럼 꼼지락거립니다. 번식할 때는 특이해요. 어떤 종은 자기 몸뚱이를 반으로 갈라서 두 마리가 되기도 하고, 아니면 혹을 떼어내듯 한 마리를 덤으로 만들어서 두 마리가 되기도 해요.

이 녀석들은 물에서 두둥실 헤엄치고 다니며 물속에 녹아 있는 질산이나 인과 같은 영양 염류를 먹어 치우지요. 이러한 조류들의 생태는 동물적이에요.

그런데 조류들의 기관 속에는 식물들에게만 있는 '엽록소'가 있습니다. 녀석들은 잎, 줄기, 뿌리가 없음에도 엽록소로 광합성을 할 수 있지요. 즉, 빛 에너지를 화학 에너지로 바꾸어 스스로 양분을 만들어 먹고 살 수 있는 거예요.

이것은 조류들이 놀라운 특허권을 얻은 것입니다. 조류들은 동물적인 특징과 식물적인 특징을 모두 갖추고 있는 셈이죠. 밥그릇이 두 개인 거예요.

이런 이유로 생물학자들은 조류들을 '원생생물'로 분류했어요. 동물인지 식물인지 애매해서 그냥 '단세포를 가지고 원시적으로 살아가는 생물'로 정의한 것이죠.

조류 중에 오늘날의 녹색 식물을 탄생시켜 지구를 푸르게 해준 것은 녹조류입니다. 녹조류의 대표적인 종은 클로렐라이고, 민물 생태계에서 기초 먹이 제공자로 일하고 있어요.

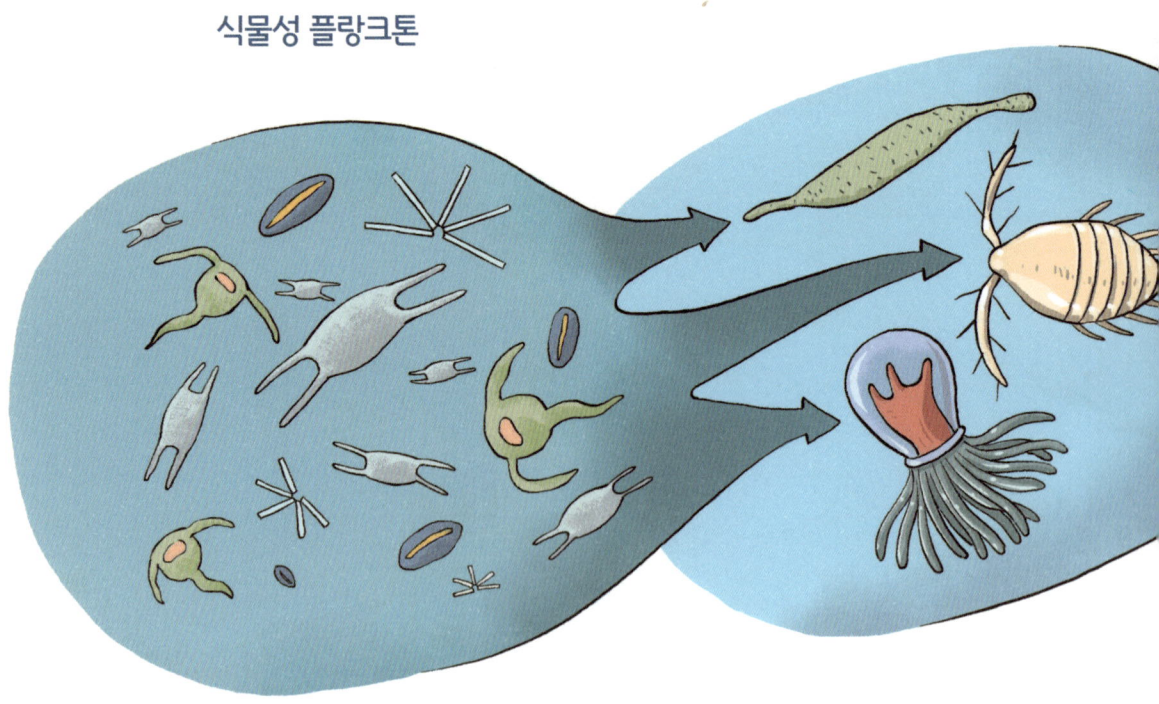

물고기

왜가리

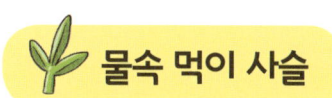
물속 먹이 사슬

2. 식물은 어떻게 진화했을까?

지구가 녹색 식물로 물들기까지는 무수한 역사의 시간이 걸렸습니다. 그 사이 식물은 멸종과 번식의 소용돌이 속에서 살아남아 지구의 생산자가 되었지요.

과연 식물들은 어떻게 진화하여 다음 세대에게 바통을 넘겨주었을까요?

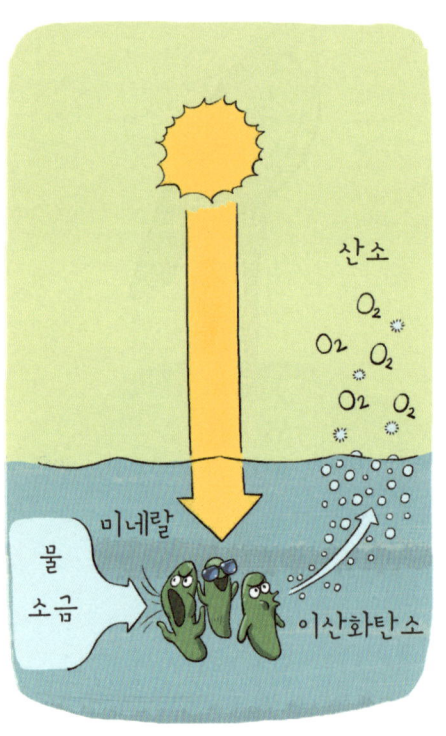

촉촉한 곳이 좋아, 이끼류

조류들의 등장으로 지구에는 풍부한 산소가 발생하기 시작했어요. 조류들이 부지런히 대기의 이산화탄소를 흡수하여 산소로 바꿔치기했거든요.

산소는 하늘에 오존층을 만들어 태양으로부터 쏟아지는 자외선을 막아 주었고요.

그러자 물에 살던 조류들이 뭍으로 진출할 수 있는 발판이 마련되었어요. 가장 먼저 발 벗고 나선 것은 녹조류였습니다.

녹조류는 뭍가에서 초록 식물인 이끼류로 발전했어요. 이끼류는 양탄자처럼 납작한 상태로 습한 곳에서만 자라도록 진화된 종입니다.

여러분은 계곡 물이 흐르는 바위나 촉촉한 나무에 녹색으로 물들어 있는 이끼를 본 적이 있을 거예요. 이끼는 그처럼 물 공급을 쉽게 받을 수 있는 장소를 좋아합니다. 모든 식물은 광합성으로 양분을 얻지만 물을 얻지 못하면 말라 죽거든요.

양치식물은 음지를 좋아해

물가에서 적응한 이끼류는 포자 번식으로 자손들을 뿌렸습니다. 포자는 꽃이 피지 않는 식물이 스스로 자기 씨앗 주머니를 만드는 방법이에요. 이끼류는 바람을 이용해 포자를 물가에서 더 멀리 떨어진 지상으로 날려 보냈어요.

다시 그 자손들은 땅 위에서 적응하여 고사리와 같은 양치식물을 탄생시켰습니다. 그때 양치식물은 뿌리, 줄기, 잎을 갖춘 채 진화의 보너스로 '관다발'을 받았어요.

관다발은 사람의 혈관 같은 것으로 식물의 물과 양분이 지나다니는 통로입니다. 관다발은 물관과 체관으로 나뉘어 있어요. 물관은 뿌리에서 물을 빨아올려 잎사귀로 보내고, 체관은 잎사귀에서 분해된 양분을 뿌리로 내려보내는 일을 하지요.

그런데 양치식물은 아직 진화가 덜 된 '헛물관'을 가지고 있었어요. 뿌리에서 물을 끌어올리는 물관 펌프의 힘이 부족했죠. 그래서 양치식물은 더 크게 자라지 못한 채 응달에서 적응하게 되었어요. 수분 보호를 위해 음지에 눌러앉아 버린 거예요. 양치식물은 포자를 퍼뜨려 자기 후손들이 헛물관의 약점을 해결해 주기를 바랐습니다.

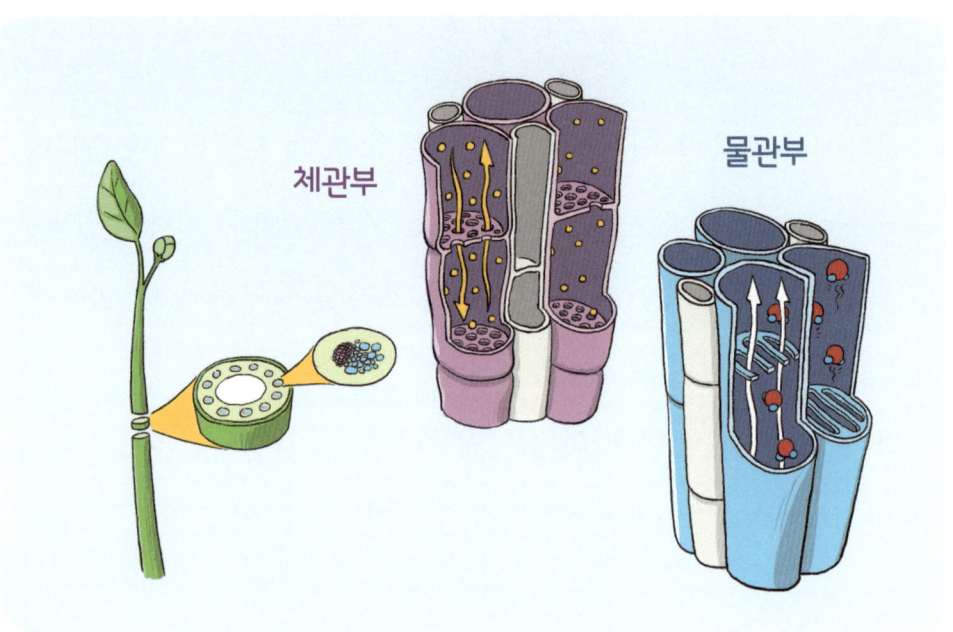

암수가 다른 침엽수

양치식물의 후손들은 부모의 바람대로 헛물관을 더 발달시키지는 못했어요. 대신에 진화의 보너스로 '부름켜'를 선물 받았습니다. 부름켜는 관다발의 물관과 체관 사이에 있는데, 식물의 줄기와 가지를 부풀리는 일을 하지요.

양치식물의 후손들은 부름켜 덕분에 헛물관으로도 물을 잘 빨아올릴 수 있게 되었어요. 그렇게 해서 등장한 새로운 종이 소철과 은행나무입니다. 식물이 마침내 '풀'에서 '나무'로 진화한 것이에요.

풀과 나무는 크게 두 가지로 구분해요. 부름켜가 없으면 풀이 되고, 있으면 나무가 되지요. 나무는 부름켜로 나이테를 만들며 성장하지만, 풀은 부름켜가 없어 굵어지지 못합니다.

또 하나는 식물의 수명에 따라 풀과 나무의 운명이 달라져요. 한두 해를 살다가 말라 죽으면 풀이고, 두 해 이상을 살게 되면 나무가 됩니다. 그래서 풀은 '한해살이'나 '두해살이'가 되고, 나무는 '여러해살이'가 되지요.

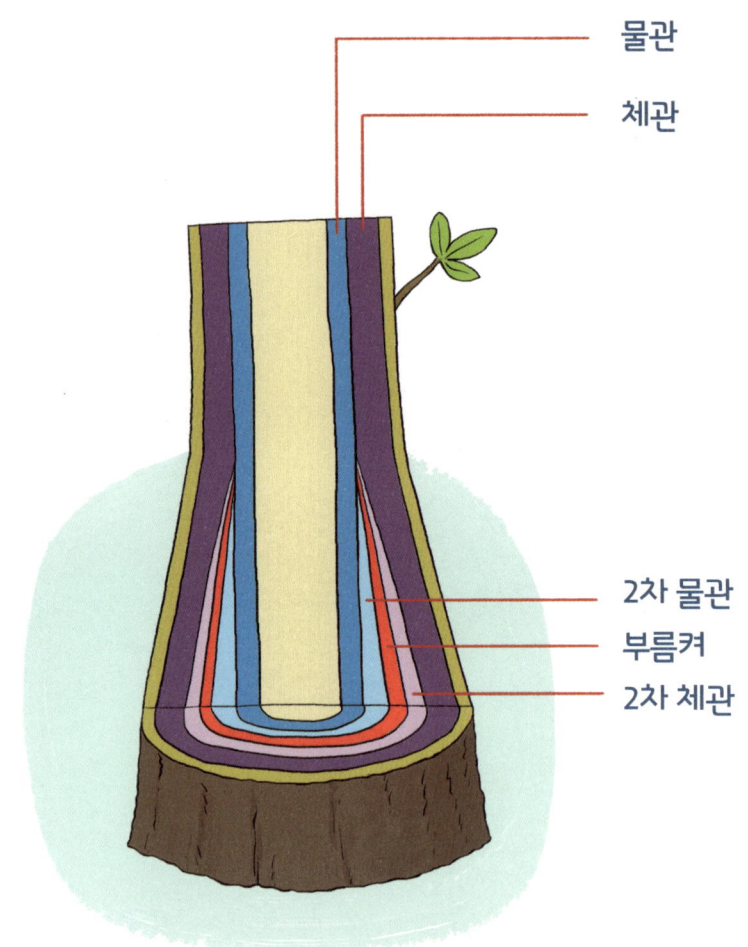

　당시 소철과 은행나무는 당당히 '여러해살이'라는 주민등록증을 받았습니다. 청소년의 딱지를 떼고 어른 대우를 받게 된 거예요. 진화의 보너스는 '씨앗'이었어요. 꽃을 피워서 씨앗을 맺을 수 있는 종자식물로 발전한 것이에요. 그것은 식물의 획기적인 변화였습니다.

　그런데 소철과 은행나무는 암나무와 수나무가 따로 존재했어요. 수나무의 꽃가루가 바람에 날려서 암나무에 닿아야 수정이 이루어지지요.

수정 후에는 열매를 감싸 주는 씨방이 없어서 열매를 겉으로 드러냈지요. 씨방이 없으면 씨앗을 안전하게 보관하지 못해 도둑맞기 쉬운 단점이 있었어요. 그럼에도 소철과 은행나무는 지금도 암수가 따로 떨어진 채 전통적인 결혼식을 올리고 있습니다. 대부분의 침엽수가 이 전통을 지키며 살아가고 있어요.

암수 한 그루가 된 활엽수

긴 세월이 흐르자 소철의 후손들은 헛물관을 온전한 물관으로 교체하고, 부모보다 더 발달한 나무로 새롭게 탈바꿈했습니다. 암수 한 그루가 되어 스스로 꽃을 피워서 열매를 맺어 버린 거예요. 이 신식 결혼식을 '자가 수정'이라고 해요.

자가 수정으로 맺어진 열매는 사과나 복숭아처럼 '씨방'이 있어 씨앗을 좀 더 안전하게 보호할 수 있지요. 겉씨식물이 속씨식물로 진화한 결과예요.

현재 살고 있는 대부분의 활엽수가 그 유전자를 이어받았지요. 나무들은 그렇게 진화해 지구를 녹색 공장으로 가꾸어 놓았답니다.

🌱 식물의 발달 모습

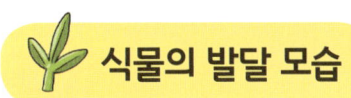

- 녹조류
- 이끼류
- 양치식물
- 겉씨식물
- 속씨식물

3. 숲은 전쟁 중이야

 모든 생물은 자손을 만들어 대를 잇는 것을 목적으로 삽니다. 그 목적을 이루지 않으면 멸종이 기다리고 있지요.

 숲에서 자라는 나무들은 오랜 진화의 과정을 거쳐서 살아남은 훌륭한 종들입니다. 그러나 그 나무들 역시도 다음 세대를 위해 준비해야 하지요.

 종자를 많이 퍼뜨리는 것도 중요하지만, 더 튼튼한 종자를 생산하는 일도 중요합니다. 그래서 나무들은 한 해에 종자가

많이 매달리면 다음 해에는 열매를 줄여서 생산하지요. 열매 수량을 줄이면 더 크고 튼튼한 종자가 매달리게 되니까요. 이런 종자식물들의 생존 전략을 '해거리'라고 합니다.

나무들은 그러면서도 '어떻게 하면 내 자손을 더 멀리 보낼까?' 하는 고민으로 밤잠을 설치기도 해요. 자손들이 어미나무 가까이에서 자라면 유전적으로 허약해지기 때문이지요. 어미나무와 자손들은 될 수 있는 대로 멀리 떨어져서 사는 게 서로에게 좋아요.

숲에서 열매가 익기 시작하면 나무들은 자손을 독립시킬 준비를 서둘러요. 나무들은 다음 세대를 위해 어떻게 종자를 퍼뜨릴까요?

에라 모르겠다, 떨어져라

참나뭇과 나무들은 도토리나 밤처럼 무거운 열매를 맺습니다. 그래서 열매가 익자마자 바닥으로 떨어뜨립니다. 열매는 멀리 가지 못하고 나무 아래 후두두 쌓이지요. 나무가 비탈에 서 있다면 열매는 데굴데굴 굴러서 좀 더 멀리 도망갈 수 있습니다.

참나무는 도토리를 그냥 떨어뜨리는 게 가장 효과적인 번식 방법이라는 것을 알고 있어요. 산짐승들이 도토리를 배달하여 보관해 주기 때문이죠.

다람쥐는 도토리를 주워 겨울 식량으로 먹기 위해 굴속에 저장합니다. 일부는 비상식량으로 먹기 위해 땅을 파서 감춰 두지요. 어치도 땅속이나 나무 틈새에 도토리를 숨겨 둡니다. 그런데 이 녀석들은 도토리를 숨겨 둔 곳을 곧잘 잊어버리지요.

다람쥐와 어치의 건망증으로 살아남은 도토리는 새봄에 싹을 틔울 수 있습니다. 참나무의 입장에서는 도토리 100개 중에 하나만 살아도 성공이에요. 비록 산짐승들에게 비싼 보관료를 치르지만, 자손 하나를 건졌으니 가치 있는 교환이지요.

새들아, 고맙다!

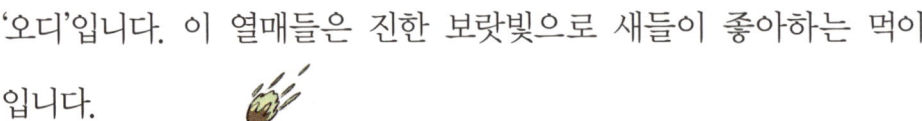

벚나무의 열매는 '버찌'이고 뽕나무의 열매는 '오디'입니다. 이 열매들은 진한 보랏빛으로 새들이 좋아하는 먹이입니다.

새들은 그 열매들을 따 먹거나 주워 먹은 뒤 기분이 내키는 곳에 똥을 싸지요. 소화되지 않은 열매는 땅에 떨어져 삶의 기회를 얻게 됩니다.

이처럼 작은 열매들은 새들이 멀리 옮겨다 주지요. 씨앗을 가장 먼 곳으로 이동시키는 택배원들이 바로 새들이니까요. 새들이 장거리 여행으로 멀리 보내는 씨앗은 약 45%나 된답니다.

바람아 불어라

　단풍나무, 소나무, 가문비나무의 씨앗은 꼬마쌍살벌의 한쪽 날개를 닮았어요. 이 씨앗들은 빙글빙글 돌면서 떨어집니다. 바람이 세게 부는 날에는 그 씨앗들이 헬리콥터가 되어 멀리 날아가지요.

　버드나무와 미루나무도 바람으로 씨앗을 퍼뜨립니다. 씨앗에 뭉게구름 같은 솜털이 붙어 있어 바람이 부는 대로 나부끼지요. 바람으로 씨앗들이 멀리 보내지는 비율은 평균 37% 정도예요.

물에 둥둥 띄어 보내 주마

열대 지방 해안가에 사는 나무 중에는 물을 이용해 자손을 번식시키는 종이 있습니다. 맹그로브는 바닷물에 뿌리를 내리고 사는 특이한 나무인데, 자손도 특이하게 생산하지요. 어미나무가 자기 몸에서 씨앗의 싹을 틔워 '주아'로 불리는 새끼로 키웁니다. 주아가 10센티미터쯤 자라면 어미나무는 새끼를 바다로 떨어뜨리지요. 새끼는 홀로 떠다니다가 해안가에 달라붙어 뿌리를 내리게 됩니다.

야자나무는 해안가 모래 위에 코코넛을 떨어뜨립니다. 이윽고 파도가 달려와 코코넛을 안은 채 먼 바다로 끌고 들어가지요. 코코넛은 럭비공처럼 둥둥 떠다니다가 다른 모래밭에 정착하게 되지요.

진짜 열매 도둑은 누구?

나무들은 열매를 많이 맺는 만큼 도둑질도 많이 당해요. 자손의 약 1% 정도만 대를 이을 수 있습니다.

나무들은 1%의 자손을 얻기 위해 99%의 열매를 희생시키지요. 확률로 자손을 키우는 거예요. 그렇게라도 하지 않으면 대가 끊기니까요. 한편으론 나무들이 자연의 법칙에 따라 숲에서 생산자의 역할을 충실히 하고 있는 셈이죠.

숲에서 도토리가 어떻게 도둑맞는지 예를 들어 볼까요? 여기서 도토리를 도둑맞는 경우는 싹을 틔울 확률이 거의 불가능한 상태랍니다.

도토리가 나뭇가지에 달려 있을 때, 작은 도둑 한 마리가 참나무로 날아옵니다. 주둥이가 길게 생긴 도토리바구미입니다.

녀석은 도토리 속에 알을 낳기 위해 적당한 항아리를 찾습니다. 딱 맞는 도토리 항아리를 발견하면 긴 주둥이로 깍지 부분에 구멍을 뚫지요. 그리고 구멍 속에 산란관을 집어넣어 알을 낳습니다. 알 낳기가 끝나면 항아리는 아기의 밥통으로 바뀝니다. 뒷날 그 속에서 애벌레가 깨어나 도토리 속살을 갉아 먹고 살거든요.

도토리바구미는 태어날 아기에게 밥통을 선물해 주는 고마운 엄마입니다. 참나무는 귀한 자식 하나를 도둑맞은 셈이고요. 숲에는 도토리바구미 군단이 살고 있으니 얼마나 더 많은 도토리를 도둑맞게 될는지는 알 수 없습니다. 하지만 괜찮아요. 잃어버린 도토리는 참나무의 확률 계산법에 이미 다 들어 있는 수량이니까요.

잘 익은 도토리가 땅에 후드득 떨어지면 멧돼지 가족이 잔치를 엽니다. 수북이 쌓여 있는 도토리는 멧돼지에게 훌륭한 음식이지요. 멧돼지 한 마리가 휘적휘적 도토리로 배를 채우려면 적어도

100개 이상은 먹어야 할 거예요. 식구가 다섯이면 한 끼에 500개가 넘는 도토리가 사라지는 것이죠.

멧돼지 가족이 식당을 떠나면 새로운 손님들이 빈자리를 채웁니다. 청설모가 다가와 도토리를 바각바각 깨물어 먹고, 꿩도 콕콕 찍어 맛을 보지요. 그러나 참나무는 신경 쓰지 않습니다. 이 역시도 99%의 도둑맞을 계산표에 들어 있으니까요.

참나무가 가장 무서워하는 진짜 도둑은 사람입니다. 사람들은 도토리들이 떨어지기가 무섭게 달려와 자루 속에 쓸어 담아 갑니다. 오가는 등산객들도 한 주먹씩 주워 가고요. 그러다 보니 도토리가 거의 남아나질 않습니다.

그 바람에 산짐승들은 음식을 도둑맞고 비상식량도 저장하지 못하게 됩니다. 빈털터리가 되어 어떻게 한겨울을 나야 할지 걱정해야 하는 처지예요.

사람은 참나무의 확률 계산법에 들어 있지 않습니다. 참나무는 참담할 수밖에요. 산짐승들에 의해 땅속에 보관되는 도토리가 없다면, 한 해의 자식 농사를 망쳐 버린 것이나 다름없으니까요.

영차, 영차! 누가 빨리 자라나

지상에서 새싹을 틔운 열매들은 1%의 행운아들입니다. 기적을 뚫고 경쟁에서 살아남았으니까요. 그러나 생존 경쟁은 이제부터 시작입니다.

열매에서 새싹이 돋아나는 시기는 동물들의 먹을거리가 부족할 때예요. 새봄에 고라니와 토끼는 열매의 어린 싹으로 식사하지요. 누군가 지나가다 열매의 싹을 밟아 버릴 수도 있어요. 그렇게 희생되면 1%의 확률은 점점 줄어들게 됩니다.

나무들의 생존 경쟁에서는 운이 차지하는 비율이 아주 높습니다. 애당초부터 씨앗이 떨어진 장소가 중요하지요. 그늘보다는 햇빛을 많이 받는 곳이 명당입니다. 돌이 많은 곳보다는 부드러운 흙이 있는 곳이 유리하고요. 메마른 땅보다는 촉촉한 자리가 좋습니다.

어떤 장소든지 나무들이 한 번 뿌리를 내리고 나면 이사 가지 못하지요. 그 자리에서 적응하며 경쟁자들과 싸워서 이겨야 해요. 그래야 큰 나무로 성장할 수 있어요. 그것이 나무의 운명입니다.

지금 단풍나무, 소나무, 참나무의 후손들이 한 자리에서 경쟁하고 있습니다. 서로 한 줌의 햇빛이라도 더 받아먹기 위해 안간힘을 쓰고 있어요. 과연 누가 빨리 자랄까요?

참나무는 음지와 양지를 가리지 않고 잘 자랍니다. 소나무는 햇빛을 좋아하는 양지 식물이지요. 단풍나무는 적당한 그늘이 있어도 잘 자라는 음지 식물입니다.

같은 조건에서 참나무와 소나무가 경쟁하면 참나무가 이겨요. 참나무는 넓은 잎사귀로 그늘을 만들어 소나무를 가두지요. 소나무는 그늘에서 광합성이 어려워져 더디게 성장하고요.

참나무는 단풍나무와 경쟁에서도 이겨요. 같은 활엽수라도 참나무는 음지 식물인 단풍나무보다 빨리 자라거든요.

자, 이제 단풍나무와 소나무가 싸우면 어떻게 될까요? 단풍나무가 이겨요. 단풍나무는 양지 식물인 소나무보다 햇빛을 덜 받아도 잘 자라니까요.

따라서 성장 속도는 참나무가 금메달, 단풍나무가 은메달, 소나무가 동메달이 되지요. 나무들은 그렇게 싸우고 경쟁해서 나중에 큰 숲을 이루게 된답니다.

4. 나무는 뿌리 내린 곳이 고향이다

자생종과 외래종

예로부터 자연적으로 퍼져서 대를 이으며 사는 생물을 '자생종', 또는 '고유종'이라고 합니다. 자생종들은 고유한 유전자를 지니고 끼리끼리 모여 군락지를 이루지요.

반대로 외국에서 국내로 들여온 종자나 품종을 '외래종'이라 하지요. 식물의 경우 외래종 대부분은 사람이 재배를 목적으로 국내에 들여온 것이 많습니다.

일부 외래종은 자연적으로 씨앗을 퍼뜨려 국내에서 적응하여 살기도 해요. 이러한 자연 번식 종은 별도로 '귀화 식물'이라고 해요. 귀화 식물이 국내에서 자라더라도 원산지의 국적은 바뀌지 않습니다.

가령, 은행나무는 우리나라에 많이 살지만, 원산지는 중국이에요. 식물의 원산지를 구분 짓는 것은 그 나라에 '자생지가 있느냐, 없느냐'의 여부가 중요한 결정 요인이 되지요. 은행나무의 자생지는 중국에만 있습니다.

특정 지역에서 한 그루의 나무가 뿌리를 내리기 위해서는 먼저 기후가 맞아야 하고 강수량과 흙 상태가 중요하지요. 외래종이라도 이 조건만 맞으면 당장 뿌리를 내리고 가지를 펼칩니다. 평생 붙박이로 살아야 할 이유가 생긴 것이니까요. 따라서 나무들이 원산지를 떠나서 뿌리를 내리고 살면 그곳이 곧 고향입니다.

우리나라 숲에는 고유종과 외래종이 한데 뒤섞여 있습니다. 침엽수는 소나무, 잣나무, 전나무, 가문비나무, 주목 등 40여 종이 조금 넘어요. 활엽수는 참나무, 자작나무, 단풍나무, 오동나무, 동백나무, 후박나무, 왕벚나무 등 1천여 종이 넘지요.

침엽수보다 활엽수의 종이 훨씬 많지만, 땅을 차지하는 비율은 오히려 침엽수가 높습니다. 침엽수림이 약 45%이고, 혼합림이 약 30%, 활엽수림 약 25% 정도 됩니다. 산지가 많은 우리나라는 북쪽으로 갈수록 추위에 잘 견디는 침엽수들이 잘 자라기 때문이죠.

현재 세계적으로 오직 우리나라에서만 자생하는 나무는 미선나무예요. 이 녀석은 키가 작은 관목으로 충청북도 산간 지역에 군락을 이루고 있습니다. 이처럼 귀한 품종은 별도로 '특산 식물'이라고 하지요.

외래종인 은행나무는 삼국 시대에 중국으로부터 불교가 우리나라에 전파되면서 도입된 것으로 보고 있어요. 역사가 길다 보니 우리나라에는 지금도 500년이 넘은 은행나무들이 많이 자라고 있지요.

지구상에 식물이 탄생한 이후, 은행나무는 후대를 따로 진화시키지 않은 유일한 종입니다. 잎은 활엽수를 닮았지만, 과거의 침엽수 유전자를 그대로 지키고 있어 '살아 있는 화석'으로 통하지요.

우리나라에 외래종 나무가 본격적으로 도입되던 시기는 일제 강

점기 때입니다. 당시 일본은 산림 대부분을 국유화하고 나무들을 목재로 베어냈어요. 한편으로는 총독부가 관할하는 임업 시험장을 만들어 미루나무, 버드나무, 아까시나무 등 외래종을 보급했지요.

해방 후에는 황폐해진 전국 산림을 푸르게 가꾸기 위해 정부 차원에서 외래종을 도입하기 시작했어요. 그 결과 우리 강산에는 리기다소나무, 백양나무, 사시나무, 메타세쿼이아, 삼나무, 노송나무 등의 외래종이 한 자리를 차지하게 됐습니다.

왕벚나무의 자생지, 제주도

난 한국 나무라고!

　벚나무는 세계적으로 약 200여 종이 있고 우리나라가 원산지인 종도 20여 종이나 됩니다. 그중에 꽃이 가장 많이 피고 아름다운 종은 왕벚나무예요. 왕벚나무의 자생지는 유일하게 우리나라에만 있습니다.

　하지만 벚꽃을 일본의 나라꽃으로 생각하고 부정적으로 보는 사람들이 많아요. 실제로 일본의 나라꽃은 법적으로 딱히 정해진 것이 없습니다. 공식적으로는 일본 황실을 상징하는 국화가 휘장으로 정해져 있지요. 벚꽃은 일본인들의 정신적인 상징으로 통하는 것이

보통입니다.

그런데 어쩌다가 우리는 벚꽃을 일본의 나라꽃으로 생각하게 되었을까요? 여기에는 나라를 빼앗기면 나무도 빼앗긴다는 슬픈 역사가 숨어 있습니다.

일본은 18세기 말부터 일찌감치 서양 문물을 받아들였어요. 또한 국가적으로 자기 나라 문화를 서양에 알리는 데 힘썼지요. 당시 일본이 서양에 전파시킨 문화 중에 하나가 벚꽃을 뜻하는 '사쿠라'와 무사를 지칭하는 '사무라이'였어요.

그 이미지 사업은 성공적이었어요. 서양 사람들은 일본을 떠올릴 때, 아름다운 사쿠라와 무사 정신을 뜻하는 사무라이를 생각하게 되었지요.

1905년, 일본은 을사늑약(늑약 : 억지로 맺은 조약)으로 우리나라의 외교권을 강제로 박탈하고 식민지화 사업에 착수했어요. 먼저 왕벚나무를 자기 나라의 상징인 사쿠라로 부르며 창경궁에 심었지요. 그 의미는 "조선의 궁궐이 일본의 손아귀에 들어왔다."라는 뜻이었어요.

일본은 한술 더 떠서 창경궁을 헐어 버리고 그곳에 동물원과 식물원을 지었어요. 창경궁이 하루아침에 사람들의 구경거리로 바뀌어 버린 것이죠. 그것은 "조선의 임금은 우리 안에 갇힌 신세다."라는 메시지였습니다. 일본이 우리 민족의 사기를 꺾고 조롱하기 위해 계획적으로 저지른 만행이었죠. 더욱이 일본은 1924년부터는 창경궁에서 아예 벚꽃놀이 축제를 열었어요.

그 뒤, 일본의 우민화 정책으로 식민지 교육을 받으며 '벚꽃은 일본의 국화'라는 이미지가 우리 민족의 머릿속에 박히게 되었지요.

왕벚나무의 자생지가 밝혀지게 되기까지는 우여곡절이 많았어요.

1908년 4월 어느 날, 제주도 서귀포에서 선교 활동을 하던 프랑스의 자케 신부는 한라산에 올랐어요. 자케 신부는 한라산 600미터 고지에서 우연히 왕벚나무를 발견했어요. 그는 왕벚나무의 표본을 채취하여 벚나무의 최고 연구자인 독일의 쾨네 박사에게 보냈어요.

4년 뒤, 쾨네 박사는 "제주도가 왕벚나무의 자생지가 맞다."라는 내용을 세상에 알렸어요. 이 사실이 알려지자 왕벚나무의 원산지를 일본으로 알고 있던 서양 식물학자들은 깜짝 놀라고, 일본 식물학자들은 충격을 받았어요.

일본 식물학자들은 그 사실을 인정하기 싫어서 직접 자생하는 왕벚나무를 찾아 나섰어요. 그런데 제주도를 방문하지 않고 일본 전역을 들쑤시고 다녔습니다. 하지만 일본에는 왕벚나무 자생지가 없었지요. 그러자 그들은 "왕벚나무는 산벚나무와 올벚나무의 잡종이다."라는 뜬소문을 퍼뜨렸어요.

　1933년, 일본 식물학자들이 비로소 한라산에 방문하여 자생하는 왕벚나무를 찾아냈어요. 그리고 조사를 마친 뒤, 제주도가 왕벚나무의 자생지임을 인정했습니다. 자생종과 옮겨 심은 종은 사는 환경이 바뀌어 유전자의 배열이 다르게 나타나지요.

　하지만 일본이 그 진실을 식민지 민족에게 알려 줄 이유가 없었지요. 일본 속담에 "아닌 것을 맞다고 백 번 우기면 맞는 것이 된다."라는 말이 있습니다. 일본의 민족성을 그대로 나타내는 말이죠. 불리한 상황을 오히려 자기들에게 유리한 쪽으로 몰고 가는 게 일본인들의 습성이니까요. 나중에 왕벚나무의 진실이 밝혀지더라도 전혀 손해 볼 일이 없거든요. 왜 그럴까요?

현재 국제 식물학계의 공식 학명에는 왕벚나무의 원산지가 일본의 '에도엔시스'로 되어 있고, 그 이름을 지은 사람은 '마쓰무라 진조'로 표기하고 있습니다. 즉, 마쓰무라가 에도 지방에 사는 왕벚나무를 조사하여 국제 식물학계로부터 공식적으로 인정을 받았다는 뜻이죠.

나중에 우리나라가 왕벚나무의 자생지임이 밝혀졌지만, 공식적으로 인정된 원산지의 기록을 바꾸지는 못합니다. 국제식물명명규약에 의해 최초로 식물을 발견한 자에게 우선권이 주어지기 때문이에요. 일본은 식민지 시절에 이미 '왕벚나무'를 자국의 원산지로 만들어 놓았지요. 일본으로서는 행복한 일이 아니겠어요?

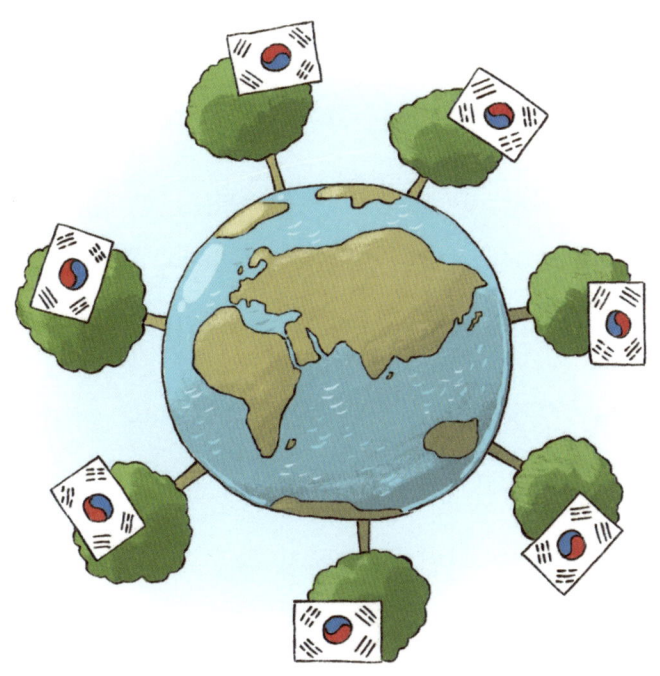

　제주 왕벚나무는 600년쯤 일본이 백제로부터 불교를 받아들이면서 바다를 건너간 것으로 추측되고 있습니다.

　왕벚나무의 진실이 우리에게 처음 알려진 것은 1960년대였어요. 전국에서 "일본을 상징하는 벚나무를 뽑아 버리자."라는 여론이 들끓었어요. 그러자 우리나라의 식물학자들이 "왕벚나무의 자생지는 우리나라다."라는 사실을 뒤늦게 공개했지요.

　우리나라에는 제주도의 한라산과 전라북도의 대둔산에 왕벚나무의 자생지가 있습니다. 그 후손들은 전국에서 고루 자라고 있지만, 60년대 이후에 인공으로 심어진 것들은 일본산 왕벚나무가 많습니다. 일본은 일찍이 벚꽃을 자국의 문화 상품으로 여기고 왕벚나무의 교배 기술을 발달시켰거든요. 그래서 왕벚나무를 계속 신품종으로 개량하여 세계로 수출하고 있지요.

결국 우리나라는 왕벚나무의 자생지라는 영광만 누리고, 벚꽃 자체는 일본을 상징하는 문화로 세계에 알려지고 있는 셈이죠. 이것이 우리가 벚꽃을 부정적으로 보게 된 원인이에요.

하지만 나무는 잘못이 없습니다. 사람의 행위가 미운 것이지 나무가 미운 것은 아니죠. 어떤 나무든지 한곳에 뿌리를 내리고 살면 그곳이 고향입니다. 우리는 그 꽃이 외래종이든 아니든 아름답고 예쁜 상태로 보고 즐기면 되고요. 문제는 한일 간의 갈등으로 빚어진 민족끼리의 감정이 좋지 않다는 것이죠.

앞으로 우리 땅에서 자생하는 왕벚나무 품종을 더 많이 심어 준다면 벚꽃에 대한 부정적인 문제가 해결되지 않을까요? 우리는 왕벚나무의 자생지 국가답게 우리 것을 더 가까이에서 보고 즐길 수 있으니까요. 다행히 각 임업 연구원에서는 자생하는 왕벚나무의 직계 후손들을 길러내는 사업을 벌이고 있다고 해요.

5. 세상에 나쁜 나무는 없어요

크고 작은 숲에는 여러 종류의 나무들이 한데 어우러져 살아갑니다. 거기서 좋은 나무와 나쁜 나무를 가려낼 수 있을까요? 세상에 나쁜 나무는 없어요. 나무 자체는 가지 끝에서 뿌리 끝까지 희생으로 무장된 몸이에요. 한마디로 '아낌없이 주는 나무'이지요.

때때로 멀쩡한 나무가 나쁜 나무로 둔갑하는 경우가 있습니다. 목재를 얻으려는 벌목업자의 눈에는 가느다란 나무가 쓸모없겠지요. 숯쟁이에게 싸리나무를 가져다주면 내다 버릴 것이고요. 한의사에게 약효가 전혀 없는 나무는 있으나 마나일 거예요.

따라서 나쁜 나무란, 나무를 필요로 하는 사람의 기준에 맞지 않는 것을 말하죠. 평상시 나무들은 우리에게 일방적인 혜택만을 주고 있답니다.

아까시나무를 베어라!

과거 우리나라 전역에는 아까시나무가 많이 자랐습니다. 여러분의 부모 세대들은 어린 시절에 아까시나무 향기를 맡으며 학교를 오가곤 했지요.

1980년대까지만 해도 아까시나무는 국가에서 장려하는 조림수였어요. 그래서 어디를 가든지 아까시나무 꽃향기를 맡을 수 있었지요.

아까시나무는 80년대가 지나자 조림 사업에서 빠지고 도리어 '불량한 나무'로 낙인 찍혔습니다. 그 바람에 아까시나무는 하루아침에 죄인이 되어 줄줄이 밑동이 잘려나갔어요. 알게 모르게 큰 아까

시나무들이 서서히 자취를 감추기 시작한 거예요.

아까시나무는 정말로 불량한 나무일까요?

아까시나무의 원산지는 미국이에요. 이 녀석은 토양이 좋지 않은 곳에서도 뿌리를 잘 내리고 다른 나무에 비해 빠르게 성장합니다.

유럽에서는 일찍이 아까시나무의 장점을 알아보고 그 종자를 유럽 전역에 퍼뜨렸어요. 유럽이 아까시나무들로 푸르게 물들자 중국이 그 종자를 도입했지요.

우리나라는 일제 강점기 때 중국으로부터 묘목이 들어왔습니다. 그 묘목을 도입한 인물은 일본의 데라우치 총독이었어요. 그는 땔감과 전쟁 물자로 쓰려고 어린 아까시나무 수만 그루를 전국에 보급했습니다. 데라우치의 의도는 불순했지만, 그 때문에 전국 곳곳에서 아까시나무가 자라게 되었지요.

아까시나무가 어릴 때는 뿌리에 독성이 있어 주변에 있는 다른 식물은 제대로 자라지 못해요. 게다가 아까시나무의 뿌리는 넓게 뻗쳐서 물을 흠뻑 빨아들여요. 그런 관계로 주위의 나무들은 수분 부족으로 성장에 방해를 받지요.

더구나 나뭇가지도 우거지게 자라서 너른 그늘을 드리웁니다. 그래서 아까시나무가 자라는 곳에서는 어린 식물들이 광합성을 하지 못해 시들시들 말라 죽게 되지요.

일부 사람들은 이러한 이유를 내세워 아까시나무를 쓸모없는 나무로 취급했습니다. 한쪽에서는 "일본인이 심은 나무니까 베어내도 괜찮다."라고 부추겼어요.

저리 비켜,
다 내 자리야!

으악,
아까시나무다!

하지만 아까시나무의 생태적 특징은 다른 나무에게도 똑같이 적용되는 환경이에요. 즉, 식물의 세계에서 자생종과 외래종이 자리다툼을 하는 것은 당연히 일어나는 자연 경쟁일 뿐이죠.

또한 나무를 '누가 심었느냐?'가 중요한 것이 아니고, 나무를 '어떻게 자원으로 활용하느냐?'가 핵심이 되어야 하지요.

모든 나무가 그렇듯이 아까시나무는 원래 좋은 자연 자원입니다. 우리가 보는 기준에 따라 나무의 운명을 바꾸려고 한 것이 잘못이죠. 세상에 상처를 주고 약을 처방해 주는 동물은 오직 인간뿐이니까요.

현재는 아까시나무의 가치를 재조명하여 복원 사업이 진행 중입니다. 아까시나무는 뿌리가 커서 산사태 예방과 지하수 확보에 유리하고, 가볍고 단단하여 목재로서 가치가 높다고 해요. 특히 도심의 공원에 아까시나무 숲을 만들면 좋을 거예요. 꽃향기 나는 자연 속에서 달콤한 꿀을 덤으로 얻게 될 테니까요.

여러 가지 나무의 쓰임새

닥나무
삶아서 벗긴 껍질로 한지를 만들어요.

옻나무
수액을 채취하여 옻칠의 원료로 써요.

소나무
송진으로 고약이나 건축 재료를 만들어요.

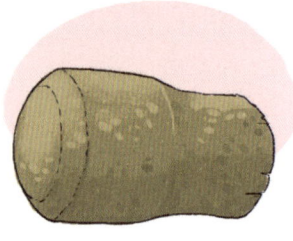

굴참나무
껍질의 코르크를 가공하여 병마개로 써요.

콜라나무
콜라나무 열매와 코카 잎을 쪄서 콜라의 원액을 만들어요.

고무나무
수액을 모아서 고무를 만드는 데 사용해요.

자작나무
자일리톨 성분을 추출하여 달콤한 천연 성분의 껌을 만들어요.

팜나무
열매를 말리고 짜서 기름을 뽑아요.

아까시나무
벌을 키워 꽃에서 꿀을 얻어내요.

6. 내가 좋은 나무야

참 좋은 참나무

우리나라에서 활엽수를 대표하는 종은 참나무입니다. 참나무는 '참 좋은 나무'에서 유래했는데, 여러모로 쓰임새가 좋아서 붙여진 이름이에요.

참나뭇과에는 여러 종이 있습니다. 상수리나무, 졸참나무, 굴참나무, 갈참나무, 떡갈나무, 신갈나무, 밤나무가 그 주인공들이에요. 이 중에 밤나무만 알밤을 맺고 나머지는 모두 도토리를 맺어요.

참나무는 종마다 잎사귀와 도토리의 모양이 조금씩 다른 특징이 있습니다. 깍지도 빵모자형과 털모자형으로 나뉘어 있지요.

예로부터 도토리는 묵으로 만들어져 밥상에 올라왔어요. 도토리를 말려서 곱게 간 뒤, 죽처럼 삶아내면 도토리묵이 되지요. 요즘은 도토리묵을 반찬으로 먹지만 과거에는 그것으로 굶주림을 달래던 시대가 있었어요. 그런 이야기가 한라산의 '사제비동산'에 전설로 기록되어 있어요.

참나무 종의 잎과 도토리의 생김새

상수리나무 잎과 열매

졸참나무 잎과 열매

굴참나무 잎과 열매

갈참나무 잎과 열매

떡갈나무 잎과 열매

신갈나무 잎과 열매

정조 18년(1794), 각 고을에 흉년이 들어 굶어 죽는 이들이 많았다. 한 고을의 선비 가족이 배고픔에 시름시름 앓자 여종이 먹을 것을 찾아 산중을 헤맸다. 여종은 온종일 돌아다니다 지쳐서 쓰러져 잠이 들었다. 우박이 떨어지는 소리에 눈을 떠 보니 500년 된 물참나무에서 도토리가 떨어지고 있었다. 여종은 기뻐하며 도토리를 주워 모아 묵을 쑤어 선비 가족을 살려냈다. 해마다 물참나무는 많은 도토리를 맺어 선비 집안을 도왔다. 훗날, 선비는 그 고마움을 잊지 않고 물참나무의 공덕을 기리기 위해 송덕비를 세워 주었다.

참나무의 쓰임새는 배고픈 시대에 단지 먹을 것을 해결해 주는 것만이 아니었어요. 참 좋은 나무답게 우리 생활 곳곳에 쓰이고 있습니다.

상수리나무, 갈참나무, 신갈나무는 영지버섯이나 표고버섯을 재배하는 작목으로 쓰여요. 이 중 상수리나무 목재는 따로 참숯을 만드는 데도 사용하지요.

과거에 굴참나무는 산간 지방의 전통 가옥인 굴피집과 너와집

을 짓는 데 쓰였어요. 굴피집은 굴참나무의 껍질을 지붕에 덮은 집이고, 너와집은 굴참나무를 널빤지처럼 쪼개서 지붕에 얹은 집이에요.

서양에서는 좋은 술을 만들 때 오크통을 사용하는데, 그 통의 재료가 바로 참나무랍니다.

으뜸나무 소나무

침엽수 가운데 우리나라를 대표하는 종은 소나무입니다. 이 녀석들은 한겨울에도 초록 빛깔을 자랑하며 전국의 산야를 뒤덮고 있지요.

예로부터 소나무는 '으뜸나무'로 취급되며 집이나 궁궐을 짓는 데 사용되었어요. 소나무에는 송진이 있어 잘 썩지 않고 재질이 단단하여 기둥이나 대들보로 쓰기에 안성맞춤이거든요.

우리나라에는 어떤 소나무들이 자라고 있을까요?

- 금강소나무 : 몸통이 붉은 빛깔을 띠고 곧게 자라요.
- 반송 : 가지가 많이 달리고 키가 작아서 관목처럼 자라요.
- 해송 : 몸통이 검은 빛깔을 띠며 주로 해안가에 살아요.
- 백송 : 몸통이 흰색을 띠어요.
- 리기다소나무 : 외래종으로 몸통이 거칠지만 곧게 자라요.
- 처진소나무 : 가지가 가늘고 길어서 늘어진 형태로 자라요.
- 금송 : 잎사귀가 금빛을 띠어요.

소나무 중에서도 가장 으뜸인 소나무는 단연 금강소나무예요. 이 녀석은 주로 금강산에서 태백산맥의 등줄기를 따라 소백산에 이르기까지 험준한 지형에서 많이 자랍니다.

인기가 좋다 보니 황장목, 미인송, 적송, 춘양목으로 부르기도 해요. 이 중에 속살이 누런 빛깔을 띠는 황장목은 조선 시대에 임금의 나무로 규정하고 국가 차원에서 관리했어요. 궁궐용 목재나 장례 때 사용하기 위해서였지요.

당시 조선은 금강소나무가 자라는 산림을 60여 군데를 지정하여 일반인들의 출입을 철저히 막았어요. '황장금표'라는 비석을 세우고 아무도 나무를 베어 가지 못하게 했지요. 나무를 몰래 베다가 들키면 엄하게

벌했어요. 나무를 벤 사람은 물론이고 관리자와 산지기까지 잡아들여 곤장을 100대씩 쳤습니다. 그리고 죄인들을 파면시키고 가족까지 귀양을 보냈지요.

국가에서 금강소나무가 필요할 때는 베어내기 전에 큰절을 올렸어요. 사람보다 훨씬 오래 사는 금강소나무를 신성시하여 예로 달래 준 것이죠. 이 전통은 지금도 이어지고 있습니다.

벼슬아치 소나무 정2품송

정2품송(천연기념물 제103호)은 충청북도 보은에서 600살의 나이로 살고 있는 소나무예요. 소나무가 벼슬을 가졌다니 재미있지 않나요? 조선 시대의 관직에서 정2품은 6조 판서에 해당하는 높은 직위입니다. 현재의 장관급이죠.

그런데 어떻게 소나무가 높은 관직을 얻게 되었을까요? 여기에도 전설 같은 이야기가 전해집니다.

세조 10년(1464), 왕은 두드러기 병으로 고생하고 있었다. 병을 고치기 위해 세조는 속리산 온천으로 행차했다. 행차 도중에 늘어진 소나무 가지 하나가 가마에 걸리려고 하자 세조는 "가지에 가마가 걸린다!" 하고 소리쳤다. 그러자 소나무 가지가 저절로 위쪽으로 올라가며 가마를 지나가게 해주었다. 그 뒤, 세조는 속리산 온천에서 치료를 마치고 한양으로 향했다. 그때 갑자기 소나기 내려서 비를 피하게 됐는데, 비를 피한 장소가 바로 그 소나무 밑이었다. 세조는 이를 특이하고 신기하게 여겨 그 자리에서 어명을 내렸다.

"이 소나무에게 정2품의 벼슬을 하사하노라!"

정2품송 이야기를 통해 한 가지 사실을 알 수 있습니다. 조선 시대 사람들은 소나무를 으뜸으로 여긴 만큼 아끼고 보살펴 주었다는 것을요!

7. 숲을 돈과 바꾸기는 힘들어요

아무리 작은 숲이라도 우리 곁에 있다면 행복한 것입니다. 누구나 숲으로부터 크고 작은 혜택을 마음껏 누릴 수 있거든요.

여러분 주위를 둘러보세요. 도시 안에도 밖에도 숲이 보이지 않나요? 우리나라의 산지는 높지 않은 데다 방문하기 쉬워서 언제라도 오를 수 있어요. 도시 가까이에 숲이 없는 나라에 비하면 우리는 굉장히 좋은 환경에서 살고 있는 거예요.

그럼 이제 숲이 우리에게 어떤 혜택을 주는지 알아볼까요?

숲 속 생태계를 지켜 줘요

 숲은 자연 생태계를 유지시키는 기초 보금자리입니다. 나무들이 많은 흙 속에는 이로운 박테리아들이 바글거리며 땅을 기름지게 해 주지요.

 동물들은 숲을 터전 삼아 뛰어놀며 사람의 지표 동물로 살아가지요. 가령, 숲의 면적이 줄어들수록 애벌레, 곤충, 새, 동물도 차례차례 사라진다는 이야기입니다. 동물이 멸종의 길을 걸으면 사람도 살 수 없는 환경이 되는 것이죠. 잘 보존된 숲이 동물도 살리고 우리도 살리는 거예요.

공기를 맑게 해줘요

숲은 공기 중의 이산화탄소와 미세 먼지를 흡수하여 맑은 산소로 바꾸어 줍니다. 산소가 많아지면 대기가 시원해져 기온이 내려가지요. 숲은 낮에는 외부 기온보다 4도쯤 낮고, 밤에는 외부 기온보다 1도 이상 높습니다. 그 이유는 낮에는 나무들이 광합성으로 산소를 꾸준히 생산하지만, 밤에는 쉬기 때문이에요.

우리는 맑은 산소를 많이 마실수록 피가 깨끗해져 건강을 지킬 수 있습니다.

댐 역할을 해요

　비가 내리면 나무들은 뿌리로 빗물을 빨아들여 뿌리, 줄기, 잎에 고루 저장합니다. 숲은 내리는 빗물의 약 25%를 가두어 둘 수 있지요.

　비가 그치면 나무들은 잎사귀의 기공으로 수분을 밖으로 배출해 내지요. 이것을 '증산 작용'이라고 하는데, 날이 더울 때 공기 중의 습도를 유지시키는 중요한 역할을 하지요.

　나무는 뿌리에 저장했던 물도 서서히 내보내는데, 그렇게 하지 않으면 뿌리가 썩어 죽을 수 있어요. 나무들이 배출하는 물은 냇가로 모였다가 다시 강으로 흘러가지요.

　만약에 댐 역할을 하는 숲의 기능이 멈추면 어떻게 될까요? 빗물은 금세 내와 강을 넘치게 하고 썰물처럼 바다로 빠져나가 버립니다. 그 뒤에는 물을 가두고 있는 숲이 없으므로 내와 강은 말라 버리지요. 결국은 우리가 마실 수 있는 물이 부족해지게 됩니다.

산사태를 막아 줘요

나무는 쓰러지지 않기 위해 흙 속에 뿌리를 단단히 고정해 둡니다. 한편으론 흙이 도망가지 못하게 잔뿌리들이 흙을 잡아 두고 있지요. 숲에 나무들이 빽빽이 들어차 있을수록 뿌리의 고정률도 높습니다.

더욱이 숲에 쌓여 있는 낙엽은 빗물에 의한 침식을 직접 막아 주지요. 썩은 부엽토는 스펀지 역할을 하여 물을 흠뻑 저장시켜 두고요.

이처럼 잘 가꾸어진 숲에는 큰비가 내려도 흙이 잘 쓸려나가지 않아 산사태를 예방해 줍니다.

자연 자원을 제공해요

숲은 무공해 천연자원이에요. 사람에게 해로운 것을 거의 제공하지 않지요. 우리에게 산소, 목재, 펄프, 약품의 원료, 약재, 땔감 등 모든 것을 주고 공기도 정화해 줘요.

몸과 마음의 피로를 풀어 줘요

숲의 초록 빛깔은 사람의 마음을 가장 편안하게 해주는 색깔이라고 해요. 허둥대던 여러분도 숲에 가면 왠지 마음이 포근하게 가라앉는 느낌을 받을 거예요.

숲에 가면 숲 냄새가 납니다. 바로 나무들이 벌레나 박테리아로부터 몸을 보호하기 위해 내뿜는 '피톤치드'의 향기입니다. 이 방향 물질은 활엽수보다는 침엽수에 많아요. 침엽수에는 사람의 마음을 안정시키는 음이온이 활엽수보다 훨씬 많이 배출되지요.

침엽수 중에서 사람의 스트레스를 없애 주는 나무의 비율은 노송나무가 52%, 잣나무가 45%, 소나무가 18%쯤 된다고 해요.

이런 숲의 이로움을 돈으로 바꾸면 얼마나 될까요? 국내 연구원들은 우리나라 숲의 경제적 가치가 국민 총생산(GNP)의 10%쯤 되는 것으로 파악했어요. 가령, 한 해의 국민 총생산액이 500조라면 우리나라 숲은 약 50조의 경제적 가치가 있는 셈이죠.

사실 모두가 함께 누리는 공공적인 자연 자원은 그 가치를 돈으로 따지기 어렵습니다. 계산법을 바꾸어 우리나라의 숲이 모두 사라졌다고 가정해 보아요. 아마 피해 정도를 따지다가 계산기가 고장 날 거예요. 우리가 숲을 보호하고 지켜야 할 의무가 거기에 있습니다.

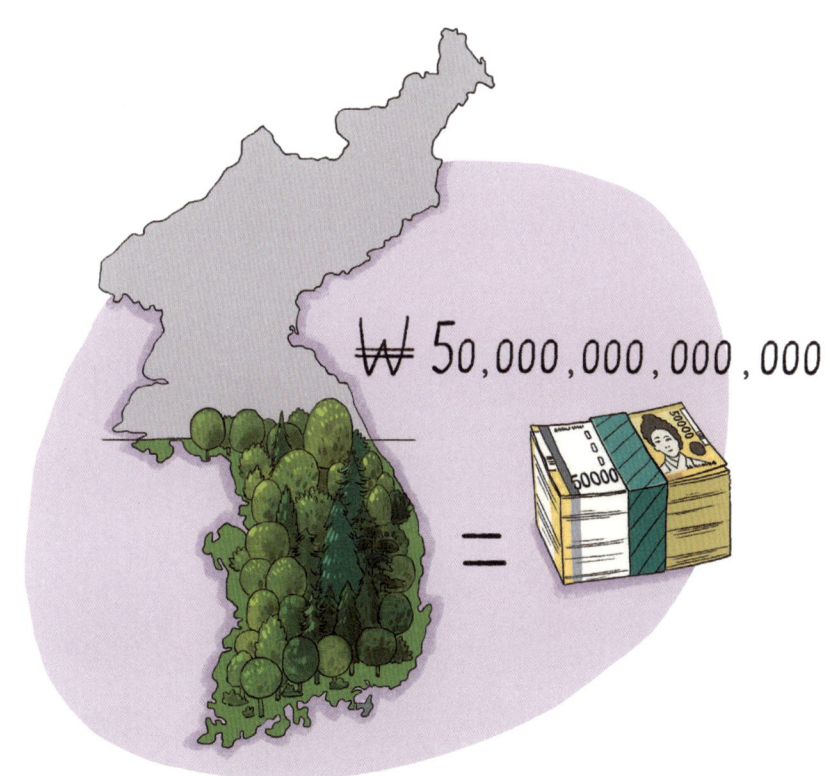

8. 누가 숲을 훔쳐 가고 있나요?

자연은 뺑뺑이입니다. 세상의 모든 자원이 돌고 돌아 사라지면 다시 생산해 주지요. 공기와 물처럼 말이에요.

그런데 숲과 같은 자원은 한정되어 있어서 다시 생산하는데 오랜 세월이 필요합니다. 100년 된 나무를 베어내는 것은 눈 깜빡하는 사이에 일어나요. 그러나 그 나무를 다시 키우려면 100년의 세월을 기다려야 하지요. 누가 그 세월을 기다릴 수 있나요? 사람은 그 세월을 기다릴 수 없습니다.

나무의 평균 수명은 200~300년 정도 되고, 오래 사는 종은 1천 년이 넘기도 해요.

우리가 나무를 베어내고 빈자리에 다시 묘목을 심는 동안, 전체 나무의 평균 수명이 점점 줄어들고 있어요. 나무가 자라는 속도보다 베어내는 속도가 훨씬 빨라서 나무는 늙어 죽을 시간이 없지요. 따라서 나무의 수명이 짧아지는 만큼 숲도 작아지고 있는 것이죠. 숲이 작아진다는 것은 우리 환경이 그만큼 파괴되고 있다는 증거예요.

숲이 있어 행복해요

세계에서 행복지수가 가장 높은 사람들은 누구일까요? 대부분 문명의 혜택을 제대로 받지 못하는 원시 부족 사람들이에요.

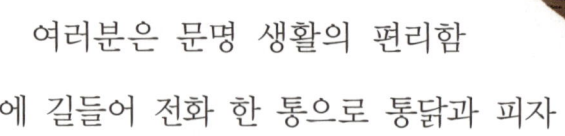

여러분은 문명 생활의 편리함에 길들어 전화 한 통으로 통닭과 피자를 시켜 먹지만, 원주민들은 열대 우림에서 살며 자연에서 얻어지는 것들로 생활하고 있습니다. 창과 활로 동물을 사냥하고 숲에서 주는 열매로 끼니를 해결하지요.

원주민들은 그렇게 사는 것을 풍요로워하며 가장 큰 행복으로 생각하지요. 숲이 주는 혜택에 감사하며 욕심 없이 지내니 행복지수가 높은 것은 당연하겠지요?

구멍 뚫린 아마존 숲

바다의 식물성 플랑크톤이 지구 산소 생산량의 70%를, 육지의 숲이 30%를 차지합니다. 산소 생산량이 바다와 육지의 면적과 비례하지요.

브라질의 아마존은 열대 지방에서 가장 큰 숲이에요. 육지에서 생산되는 산소의 약 35%를 책임지고 있어요. 과거 아마존의 산소 생산량은 40%대였는데, 해가 거듭될수록 떨어졌습니다.

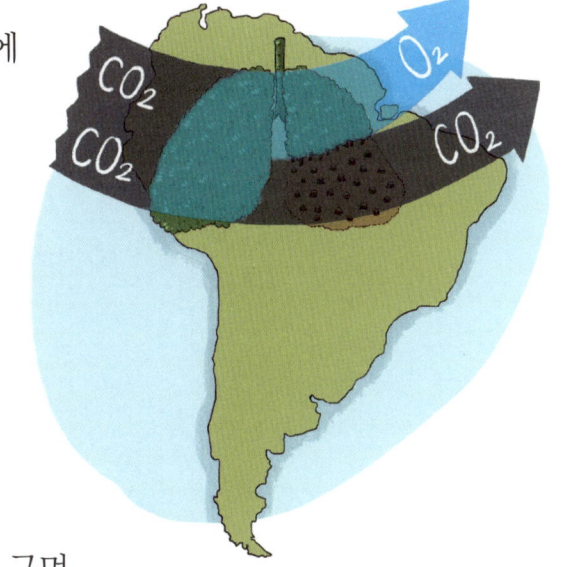

과학자들은 "아마존의 허파에 구멍이 났다."고 경고했어요. 아마존의 허파는 바로 울창한 숲입니다. 그 숲에 고장이 생기면 지구의 산소가 부족해지고 상대적으로 이산화탄소의 증가를 불러일으키지요.

이산화탄소는 지구 온난화의 주범으로 지구 전체의 기온을 올리게 됩니다. 이상 기온은 거대한 자연재해로 이어져 지구 곳곳을 쑥대밭으로 뒤집어 놓지요.

아마존만 해도 한때 엘니뇨 때문에 비가 내리지 않은 적이 있었어요. 당시 숲이 너무 건조해져 불이 났는데, 며칠 만에 우리나라 면적의 3분의 1이 불타 버렸지요. 숲을 파괴하게 되면 재앙이 꼬리에 꼬리를 물고 이어져 지구촌을 괴롭히게 되는 거예요. 아마존은 어쩌다가 이 지경이 되었을까요?

땅문서가 웬 말이냐

　브라질 농민의 약 70%는 자기 토지가 없습니다. 그래서 밀림에 숨어들어 경작지를 만들어 사탕수수 같은 농작물을 키우지요. 이 과정에서 나무들이 불타며 대규모의 숲이 사라지지요. 더구나 경작지는 2~3년이 지나면 황폐해져 농민들은 다른 땅에 불을 지릅니다. 이것을 '화전 농업'이라고 하는데, 아마존 파괴의 큰 원인이 되고 있어요.

　아마존에 넓은 땅을 가지고 있는 다국적 기업의 농장주들도 마찬가지예요. 그들은 돈벌이가 되는 사업을 위해 아마존 숲을 불도저로 밀어 버립니다.

그곳에 경작지를 만들어 사료용 옥수수와 콩을 재배하고, 소를 키우기 위한 대규모의 목장을 만들지요. 이런 피해로 약 6천여 종의 생물들이 멸종 단계에 이르렀다고 합니다.

브라질 정부는 '트랜스 아마존 하이웨이'로 불리는 고속도로를 아마존을 가로질러 건설했습니다. 그 고속도로의 개통으로 목재의 수송이 빨라져 큰 숲들이 바람처럼 쓰러졌지요. 한쪽에서는 금광 개발이 붐을 이루며 아마존 일대를 들쑤셔 놓았습니다. 금광에서 흘러나온 수은 등의 중금속은 강물을 심하게 오염시켰어요.

그 피해를 고스란히 직접 받는 사람들은 아마존의 원주민들입니다. 원시림이 파괴되면서 삶의 터전이 흔들리고 있지요. 해마다 사냥터가 줄어들고 식량을 구하기도 어려워졌어요.

원주민들은 숲을 지키며 조상 대대로 살아왔지만, 그 터전을 지켜낼 권리가 없습니다. 땅문서를 문명의 주인인 브라질 정부가 가지고 있기 때문이지요. 브라질 정부는 원주민 보호 정책을 내세워 원주민들에게 문명의 혜택을 주고 있습니다.

그러나 문명 생활과 거리가 멀었던 원주민들의 입장은 어떻겠어요? 문명의 혜택이란 그저 '우리가 누려야 할 행복한 권리를 빼앗아 간 악마'라고 생각하지 않을까요?

아마존에서 일어나는 피해 사례는 남 이야기가 아닙니다. 모든 나라에서 똑같이 일어나는 진행형이에요. 가까이에 있는 자연 자원을 단순히 돈벌이의 대상으로만 생각하고 훼손시킨다면, 우리도 아마존의 원주민들과 같은 피해를 보게 될 거예요. 알다시피 자연 자원은 공공의 가치가 너무 커서 단순히 경제적 가치로 따져보는 것은 현명하지 못해요. 숲이 사라지면 모든 것을 잃습니다. 자연 자원이 있기에 사람이 살 수 있지요.

우리는 숲이 주는 혜택을 고마워하며 한 그루의 나무라도 소중히 여겨야 해요. 그런 자세로 나무를 바라보고 지켜 주면 숲이 훼손되는 것을 최소한으로 막을 수 있습니다. 숲 말고도 우리가 소중히 지켜야 할 자연 자원으로는 내륙의 습지, 강, 갯벌, 바다 등이 있어요.

세계 곳곳에서 숲이 파괴되고 있어요.

숲이 파괴되면 산소가 부족해집니다.

그럼 우리는 산소마스크를 써야 해요.

날씨도 점점 이상해지는데요.

세상이 뒤집히는 거예요. 보세요! 저기 사막에 눈이 오네요.

극지방은 갈수록 더워지고요.

9. 숲을 지켜라!

　우리나라의 숲은 국토 면적의 약 65%로, 과거 70%에서 5% 낮아졌습니다. 30년 사이에 5%의 숲이 사라진 거예요. 그럼에도 외국의 전문가들은 우리나라를 짧은 기간에 녹지화 사업에 성공한 나라로 평가하고 있어요.

　하지만 그것은 숲을 꾸준히 관리했을 때의 이야기입니다. 우리나라의 숲은 해마다 줄어드는 추세예요.

　우리나라 숲은 1년에 약 4천만 톤의 이산화탄소를 제거하고 있습니다. 이 수치는 1년 동안 5백만 대의 자동차가 이산화탄소를 뿜어 대는 양과 비슷하지요.

　현재 우리나라 자동차 대수는 1천9백만 대가 넘으니 실제로 우리나라 숲에서 이산화탄소를 제거하는 양은 4분의 1밖에 되지 않지요. 나머지는 빗물이 순환하며 이산화탄소를 처리해 줍니다. 이러한 상황에서 숲이 자꾸 줄어드는 것은 큰 골칫거리랍니다.

그린벨트가 줄어들고 있어요

육지에서 사라진 5%의 숲은 과연 어디로 갔을까요?

그 원인 중 하나는 인구의 증가로 도시가 커지면서 발생했습니다. 주택 보급, 도로 증가, 공장 부지 등으로 숲이 야금야금 줄어들었지요.

개발의 붐을 타고 그린벨트 지역이 풀리면서 녹지가 줄어든 것이 큰 몫을 차지했어요. 그 바람에 도시에 멧돼지들이 출현하기도 하지요. 우리는 입을 모아 멧돼지가 사람을 위협한다고 호들갑을 떨지만, 실은 우리가 멧돼지의 터전을 가로채서 생기는 해프닝입니다. 야생 동물의 입장에서는 땅문서가 없는 것이 원통할 뿐이죠. 자연 자원의 공적인 가치를 생각할 때 그린벨트 지역을 보호하는 것은 마땅합니다.

산불이 났어요

산불은 한순간에 숲을 잿더미로 만들어 산림을 훼손시킵니다. 숲마다 등산로가 거미줄처럼 개척되면서 사람들의 부주의로 산불이 자주 일어나고 있어요.

우리나라의 1년간 산불 평균 횟수는 약 480건이고, 해마다 약 3백만 평이 넘는 숲이 잿더미로 변하고 있어요. 산불의 90%는 봄에, 나머지는 주로 겨울에 발생하지요.

우리는 해마다 눈 뜨고 앉아서 소중한 자연 자원을 산불에게 도둑맞는 거예요. 숲이 주는 혜택을 더 받고 싶다면 자나 깨나 불조심해야겠지요?

묘지를 줄여야 해요

우리나라 국토의 1%가 묘지입니다. 이 면적은 서울시 면적의 두 배에 이르는 땅 넓이를 차지해요. 더구나 해마다 여의도 땅 크기만큼 묘지가 늘어나고 있습니다. 이는 쓸 만한 녹지가 사라지고 그 자리를 무덤이 대신하고 있다는 이야기지요.

무덤이 늘어나는 데에 우리나라의 장묘 문화가 한몫 거들었습니다. 장묘는 사람이 죽으면 땅에 묻어 주는 매장 방법이에요.

다행히 1990년대 이후부터 매장보다는 화장을 선호하는 경향으로 바뀌었어요. 하지만 여전히 전통 방식으로 장례를 치르는 문화가 이어지고 있습니다. 선산이 있는 사람들은 그곳에 돌아가신 분을 모시지만, 선산이 없는 사람들은 풍수지리를 따져서 명당을 찾아다니지요. 그 원인이 녹지를 훼손시키는 결과를 낳았어요.

일단 야산에 묏자리가 정해지면 주변의 나무들을 모두 뽑아내야 합니다. 묘지가 크면 클수록 뽑혀나가는 나무들도 많겠지요? 그 때문에 숲이 줄어들고 무덤이 있는 자연 경관도 아름다워 보이지 않게 되었어요.

장묘를 선호하는 사람들은 분명 묘를 써야 할 만한 이유가 있을 거예요. 그렇지만 앞으로 이 문제에 대해 곰곰이 생각해 봐야 해요. 묘지는 산사태에 취약하고 가족들이 관리하는 데도 어려움이 많습니다. 또한 묏자리를 잘못 쓰게 되면 다시 옮겨야 하는 문제도 발생하지요. 시대에 걸맞은 합리적인 판단이 필요할 때입니다.

골프장이 너무 많아요

우리나라의 숲을 가장 빨리 갉아먹고 있는 1등 공신은 골프장입니다. 2000년도 초반까지 우리나라 골프장은 150개 정도였어요. 그런데 현재는 500개에 다다르고 있습니다. 10년 사이에 350여 개의 골프장이 문을 연 거예요. 공사 중인 골프장과 계획되어 있는 골프장을 고려하면, 앞으로 500개를 훌쩍 넘기는 것은 시간문제입니다.

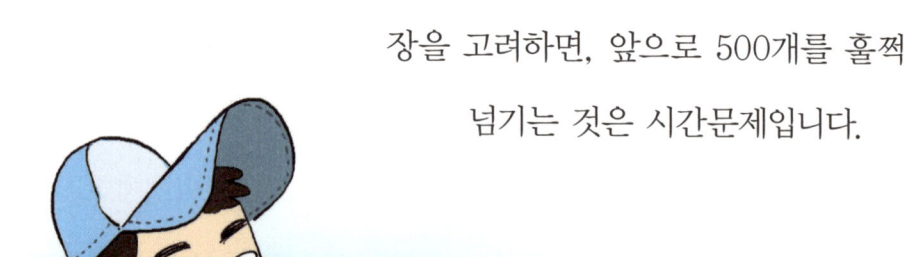

18홀의 골프장 1개를 만드는 데 대략 30만 평의 산지가 필요합니다. 일산 호수공원의 땅 넓이가 약 30만 평이에요. 따라서 그동안 호수공원 500개에 해당하는 국토의 숲이 잔디밭으로 바뀐 셈이죠. 골프장의 잔디밭은 숲의 기능을 절대로 해결해 주지 못합니다. 왜 그런지 알아볼까요?

　골프장을 지으려면 가장 먼저 나무들을 뿌리째 뽑아내야 합니다. 1평에 나무 한 그루씩 계산해도 30만 그루의 나무가 뽑히는 것이죠. 3천 평의 숲은 1년 동안 50명의 사람을 숨 쉬게 해주는 산소를 공급합니다. 그러므로 골프장 하나는 해마다 5천 명이 숨 쉴 수 있는 산소를 빼앗아 가고 있다고 볼 수 있지요.

　골프장에서 뽑힌 나무는 조경수, 목재, 땔감 등으로 재활용되는데, 사라진 숲을 대신해 주지는 못합니다.

나무들이 사라진 자리에는 박테리아를 죽이는 흙과 모래가 새로 깔리고, 그 위로 잔디가 뒤덮입니다. 오직 잔디만 자라게 하려고 잡풀을 죽이는 제초제가 뿌려지고, 잔디의 영양제인 비료를 살포하지요.

그 잔디 밑에서는 생명이 숨을 쉬지 못합니다. 단숨에 박테리아와 지렁이의 무덤이 되고 말지요. 두더지는 먹이를 구하지 못해 보따리를 싸야 합니다.

그뿐인가요? 지상의 야생 동물은 자기들의 놀이터에 쫓겨나고 잔디밭으로부터 출입을 금지당합니다. 골프장 회원권이 없으니 잔디밭

을 드나들 수 없지요. 야생 생태 통로가 막히는 것입니다.

　잔디밭은 물이 잘 빠지게 설계되어 있어 물을 자주 줘야 합니다. 골프장 전체에 물을 한 번 뿌릴 때마다 약 1천 톤의 지하수가 소비됩니다. 골프장에서 지하수를 많이 끌어 쓰므로 가까운 마을에는 지하수가 부족해지는 문제가 발생하지요.

　또한 골프장에서 배출되는 지하수는 비료와 제초제 성분으로 오염되어 있습니다. 오염된 지하수는 내를 타고 강으로 흘러들어 가지요. 강물이 잘 흐르면 오염된 물이라도 스스로 맑게 처리하는 능력이 있습니다.

그러나 물의 흐름이 느려지면 물속에 영양 염류가 쌓이게 되지요. 그 상태에서 햇빛에 의해 강물이 미지근해지면 식물성 플랑크톤이 크게 번식하게 됩니다. 알다시피 식물성 플랑크톤은 밥그릇이 두 개예요. 위로는 광합성을 하고 아래로는 영양 염류로 식사하지요. 녀석들은 그런 환경에서 자손을 기하급수적으로 늘려나갑니다.

그런데 물속에 식구들이 너무 많아지면 자기들이 생산하는 산소마저 부족해지게 됩니다. 그때 식물성 플랑크톤은 밥그릇을 내던져 버리고 수면에 둥둥 떠서 녹색으로 물들여 버리지요. 이것이 바로 '녹조 현상'입니다.

일단 녹조가 발생하면 물속에는 햇빛과 산소가 차단되어 물이 썩어 버립니다. 이런 환경에서는 생물이 살아갈 수 없습니다. 뒤이어 물고기들이 떼로 죽음을 당하는 것은 당연한 결과예요.

　녹조 현상은 강물에서 끝나는 것이 아닙니다. 강물은 영양 염류를 데리고 바다로 흘러들어 가지요. 이때 바다의 환경이 강처럼 수온이 높고 영양 염류가 많아지면 '적조 현상'이 나타납니다.

　적조는 규조류의 영향으로 바다가 붉은색을 띠게 되지요. 해마다 우리나라는 녹조와 적조 피해를 보고 있습니다. 우리가 숲을 파괴하자 어쩌면 녹색 식물의 선조인 식물성 플랑크톤이 그 죄를 물어 벌을 주는 것인지도 몰라요.

이렇게 숲이 사라지면서 생기는 부작용은 그대로 우리에게 돌아옵니다. 우리나라는 작은 땅에 비해 녹지 공간이 사라지는 속도가 너무 빠릅니다. 이제는 골프의 대중화로 훼손되는 숲의 면적을 줄여야 합니다.

자원이 부족한 우리나라에서는 그나마 넓은 숲이 있어 많은 사람이 행복하게 지내고 있어요. 자연 자원을 없애고, 그 자리에 당장 돈벌이가 되는 사업을 늘린다 하여 국민 건강과 생활이 풍요로워지는 것은 아닙니다. 숲을 잘 보전하여 모두 함께 누릴 때, 우리의 삶은 더욱 풍요로워질 거예요.

여러분은 앞으로 숲을 지나다닐 때, 나무들을 사랑스러운 눈빛으로 바라보고 보듬어 주세요. 나무들이 가지를 흔들며 윙크해 줄 테니까요.

숲 관련 상식 퀴즈

숲이 우리에게 얼마나 중요한지 알았나요? 가벼운 마음으로 문제를 풀어 보아요.

01 조류를 다른 말로 무엇이라고 부르나요?

02 녹색 식물의 조상은 남조류예요. (O X)

03 모든 조류는 광합성을 해요. (O X)

04 식물은 부름켜가 있으면 (　　), 없으면 (　　)이에요.

05 나무는 종자식물이에요. (O X)

06 참나무의 열매는 (　　)예요.

07 씨앗을 가장 멀리 퍼뜨려 주는 것은 다람쥐예요. (O X)

08 양지에서는 소나무가 참나무보다 잘 자라요. (O X)

09 나무들이 우거져 있는 장소를 (　　)이라고 해요.

10 왕벚나무의 자생지는 한라산에 있어요. (O X)

11 숲은 이산화탄소를 뿜어내요. (O X)

12 자생종을 해친다고 죄인이 된 나무는 무엇인가요?

13 굴참나무, 상수리나무, 떡갈나무를 참나무라고 해요. (O X)

14 소나무 중에서도 가장 으뜸인 소나무는 리기다소나무예요. (O X)

15 숲은 물을 모아 두었다가 천천히 내보내는 댐 역할을 해요. (O X)

16 숲은 산사태를 막아 줘요. (O X)

17 숲에서 나무들이 내는 향기는 무엇인가요?

18 지구의 허파로 불리는 숲은 툰드라예요. (O X)

19 숲과 같은 자연 자원은 아끼고 (   )해야 해요.

20 자연에 병을 주고 약을 주는 동물은 누구인가요?

[정답]
01 식물성 플랑크톤 | 02 X | 03 O | 04 나무, 풀 | 05 O | 06 도토리 | 07 X | 08 X | 09 숲 | 10 O | 11 X | 12 아까시나무 | 13 O | 14 X | 15 O | 16 O | 17 피톤치드 | 18 X | 19 보존 | 20 사람

숲 관련 단어 풀이

북반구 : 적도를 기준으로 북쪽에 위치한 지역.

남반구 : 적도를 기준으로 남쪽에 위치한 지역.

침엽수 : 소나무, 잣나무 등 잎이 뾰족한 나무. 바늘잎나무.

활엽수 : 떡갈나무, 뽕나무 등 잎이 넓은 나무. 넓은잎나무.

생태계 : 자연이나 인공 상태에서 비생물군과 생물군이 서로 도움을 주고받으며 생명을 이어 나가는 순환 시스템.

먹이 사슬 : 생물들끼리 서로 잡아먹고 먹히는 관계.

남세균(藍細菌) : 광합성을 통해 산소를 만드는 세균.

원핵생물 : 세포 속에 불안전한 핵을 가진 생물.

오존층 : 지상에서 20~25킬로미터 사이에 오존이 있는 대기층.

겉씨식물 : 소철, 은행나무 등 밑씨가 씨방 안에 있지 않고 드러나 있는 식물.

속씨식물 : 감나무, 버드나무 등 꽃식물 가운데 밑씨가 씨방 안에 싸여 있는 식물.

주아(主芽) : 자라서 줄기가 되어 꽃을 피우거나 열매를 맺는 싹.

자생지 : 식물이 저절로 나서 자라는 땅.

사제비동산 : 제주특별자치도 제주시 애월읍 광령리 산간 지대에 있는 오름. 오름의 모양이 새매를 닮은 데서 이름이 유래됨.

박테리아 : 가장 작고 미세한 단세포 생활체. 스스로 에너지와 단백질을 만들며 '세균'이라고도 함.

지표 동물 : 환경 조건을 나타낼 때 방향이나 목적, 기준 따위가 되는 동물.

기공 : 식물의 잎이나 줄기의 겉껍질에 있는, 숨쉬기와 증산 작용을 하는 구멍.

부엽토 : 풀이나 낙엽 따위가 썩어서 된 흙.

국민 총생산(GNP) : 한 나라 국민이 일정 기간 생산한 모든 최종 재화와 서비스를 시장 가격으로 평가한 것.

엘니뇨 : 남아메리카 페루와 에콰도르의 서부 열대 해상에서 수온이 평년보다 높아지는 현상. 태평양의 적도 지방과 때로는 아시아 및 북아메리카에도 광범위한 기상 이상 현상을 일으킴.

다국적 기업 : 여러 나라에 계열 회사를 거느리고 세계적 규모로 생산·판매하는 대기업.

그린벨트 : 개발 제한 구역. 도시가 무질서하게 확산되는 것을 막고 도시의 자연환경을 보전하기 위해 개발을 제한하도록 법으로 지정한 구역.